VICOMTE J. DE BRETTES

MISSION GÉOGRAPHIQUE

DANS LE

Chaco

(Amérique du Sud)

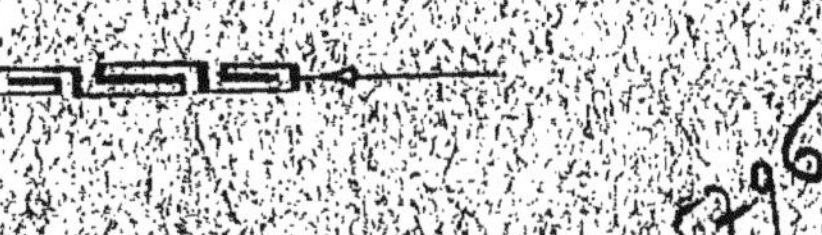

PARIS

IMPRIMERIE DES ARTS ET MANUFACTURES

12, RUE PAUL-LELONG, 12

1889

VICOMTE J. DE BRETTES

MISSION GÉOGRAPHIQUE

DANS LE

Chaco

(Amérique du Sud)

PARIS

IMPRIMERIE DES ARTS ET MANUFACTURES

12, RUE PAUL-LELONG, 12

1889

COMMUNICATION

FAITE LE 18 JANVIER 1889, A LA *Société de Géographie*

PAR

M. LE VICOMTE J. DE BRETTES

*Chargé d'une mission géographique par le Ministère
de l'Instruction publique.*

MESDAMES, MESSIEURS,

Il y a environ trois ans, un jeune voyageur se présentait devant vous, à cette même place, sans autres titres à votre bienveillance que les rudes péripéties, les souffrances et les modestes travaux d'une première expédition à travers le Chaco-Grande-Austral.

Votre accueil sympathique, votre indulgence pour des débuts pénibles ont été pour lui de précieux encouragements, et si aujourd'hui, au retour d'une exploration dont le but a été atteint, le même voyageur éprouve encore une émotion bien légitime en présence d'une assemblée aussi distinguée, à ce sentiment se mêle aussi une profonde et sincère gratitude.

Si mes efforts ont été fructueux, si j'ai pu apporter ma faible contribution au progrès des sciences géographiques, je le dois à vos conseils, messieurs, au bienveillant intérêt que j'ai été toujours assuré de rencontrer auprès de la Société de géographie de Paris, et

je tiens à reconnaître la part qui vous en re-
vient.

Je dois aussi témoigner ma reconnaissance
au Ministère de l'Instruction publique, si di-
gnement représenté ici par M. Grandidier, le
grand voyageur de Madagascar, pour le
haut patronage qu'il m'a accordé et en parti-
culier à la Commission des Voyages et Mis-
sions scientifiques, dont les gouvernements
et les savants de l'Amérique latine ne laissent jamais protester les recommandations.

Je tiens enfin à rendre hommage à la par-
faite courtoisie du Gouvernement du Paraguay qui, en diverses circonstances, a largement manifesté l'intérêt qu'il prenait à mes
travaux ; et, à M. José Monté, consul général
de Bolivie au Paraguay, dont l'appui m'a été
des plus précieux pour décider le départ de
mon expédition après seize mois de luttes, de
contre temps, de difficultés imprévues, dont
le choléra, par exemple, qui me tint enfermé
pendant trois mois à l'Assomption, — était la
moindre.

Ce devoir accompli, permettez-moi, Mesdames et Messieurs, d'entrer dans le détail de
mon voyage et de vous conduire dans une
des rares régions encore inconnues du globe,
au milieu des derniers sauvages.

*
* *

Au centre de l'Amérique du Sud, entre les
riches Etats que baignent l'Atlantique et le
Pacifique, il y a sur la mappemonde une
place blanche portant pour toute désignation ;
territoire inexploré.

Cette région — le Chaco-Grande — d'une superficie dépassant 20,000 lieues carrées est restée inconnue malgré les tentatives de 47 expéditions qui ont essayé vainement d'y tracer des routes commerciales, afin d'établir entre les Etats des côtes Est et Ouest des voies de communication courtes et directes, et de ne plus être obligé de passer par le Cap Horn.

Des forêts vierges inextricables, de vastes plaines sans eau, des marécages, d'immenses lacs, enfin de nombreuses tribus indiennes, encore à l'état primitif et hostiles aux blancs, tels sont les principaux obstacles qui ont fait échouer les tentatives des plus hardis explorateurs et des Etats intéressés.

Ce désert américain qui, lui aussi, a son martyrologe comme le continent mystérieux de Livingstone, ne présente pas l'aspect ordinaire des déserts de l'Asie ou de l'Afrique.

Je n'y ai jamais rencontré de sables, même dans les parties privées d'eau.

Les rives des immenses fleuves qui lui servent de frontières sont cachées par la luxuriante végétation des saules, des bambous, des palmiers Karandays, peuplés d'une multitude d'oiseaux et d'insectes.

Derrière ce premier rideau toujours vert, s'étend le *campo*, vastes plaines couvertes d'une herbe plus ou moins abondante, selon la saison, grâce à une épaisse couche d'humus et parsemées de nombreux bouquets d'arbres. Puis ce sont des forêts vierges inextricables, repaires des jaguars et des boas, ou bien dans les régions désolées par le manque d'eau — pays de la soif et du désespoir — des fourrés de plantes grasses, épineuses et gigantesques et des palmiers nains.

Tel est l'aspect général du Chaco, pays presque uniformément plat, — merveilleux territoire de chasse et d'élevage, dont les forêts épaisses sont riches en bois de construction, comme le *Quebracho Colorado*, dont l'écorce est employée dans la tannerie; le *Nandubay*, dur et noueux; l'*Urunday*, bois très dur que les Indiens recherchent pour leurs lances et leurs flèches rarement armées de fer, l'*Acacia aroma*, le majestueux *Algarrobo*, l'*Espinello*, le *Palo Santo*, le *Chanar*, l'*Espina de Corona*, etc.

Le palmier y est représenté par ses nombreuses variétés; le cotonnier et le caoutchouc s'y rencontrent sur différents points; le *Karaguata*, très répandu surtout dans la région sèche, mérite une mention spéciale pour les services qu'il rend aux Indiens.

Le *Karaguata*, qui appartient à la famille des *Broméliacées*, ressemble à l'aloès. Ses feuilles, d'un vert clair, épineuses et peu épaisses sont réunies en faisceaux à la base de la tige, ce qui leur permet de conserver l'eau des pluies — précieuse ressource pour le voyageur.

Sa racine se mange cuite sous la cendre; enfin les fibres de ses feuilles, souples et fortes, valent le meilleur chanvre. Les Indiens s'en servent pour fabriquer les cordelettes, qui le plus souvent sont leur seul vêtement, les hamacs, les sacs en filet qui contiennent les menus objets d'un usage constant et représentent les poches absentes, faute de pantalon.

Le *campo* conviendrait fort bien aux cultures de patates et de manioc; mais par suite de l'état de guerre continuel et de la vie nomade des Indiens, ces cultures sont très rares. Je me souviens de la course folle que me fit faire, après une journée très fatigante, un Cacique Néennssémakas pour me faire admirer un misérable champ de patates. Toute la tribu nous accompagnait. Le Cacique ne me fit grâce d'aucun de ses légumes : c'était le tour du propriétaire.

Je parus enchanté de cette promenade forcée et me répandis en compliments exagérés, ainsi qu'il convenait.

A ce prix, j'acquis des droits à l'amitié de Néennssémakas. Les voyageurs sont parfois obligés à de durs sacrifices.

* *

La faune n'est pas moins riche que la flore. Les forêts nourrissent le cerf, le tapir, le tamanoir, le *puma* ou lion d'Amérique, de la grosseur d'un gros chien de Terre-Neuve, des chats-tigres, le *coati* et le jaguar qui, contrairement à certaines légendes, attaque rarement l'homme. Les Indiens lui tendent des pièges ou bien l'attendent au passage, ayant pour toute arme un épieu en bois d'Urunday, long d'environ 60 centimètres. Inutile d'ajouter que la peau d'un jaguar qui, chez les Indiens soumis, s'échange communément contre dix boîtes d'allumettes ou vingt charges de poudre représente la vie de plusieurs hommes.

Aux branches des arbres se balancent des *sakis*, petits singes noirs qui vont ordinairement par bandes de cinq. Si on en tue un, les autres restent immobiles, tremblants de peur et se laissent tuer sans chercher à fuir. Les reptiles sont largement représentés par les tortues, les caïmans qui fourmillent sur les rives des fleuves, l'iguane dont la chair est supportable, enfin les serpents qui sont très nombreux et très venimeux, mais peu à craindre quand on porte des bottes solides. Ils cherchent toujours à fuir; cependant on peut être mordu par surprise. Cet accident a failli m'arriver quelques jours avant mon entrée sur le territoire inconnu et mettre fin à l'exploration en supprimant l'explorateur. Heureusement que Diane, ma fidèle chienne me dénonça à temps par ses aboiements furieux la présence du *lapo* sur la peau de mouton qui me servait de lit de campement. Je tuai immédiatement ce dangereux visiteur et les Indiens Sanapanas qui m'accompagnaient s'en régalèrent le lendemain. Chair et peau tout y passa et, gourmets peu délicats, mes Sanapanas ne prirent pas même la peine de faire cuire cette anguille d'un nouveau genre.

Quant au serpent à sonnettes que j'ai fréquemment rencontré dans les terrains secs et arides, il est chassé avec acharnement par les Indiens de l'intérieur qui font avec ses sonnettes — écailles mobiles de sa queue — des colliers pour leurs femmes ou des ornements qu'ils suspendent à leur lèvre inférieure et qui ne contribuent pas peu à leur donner l'air intelligent dont les projections de M. Molteni vous donneront tout à l'heure une idée.

Disons encore que le boa, dont la longueur dépasse rarement cinq mètres, est innocent des terribles méfaits que les romans d'aventures lui attribuent. Il fait ordinairement une chasse aux rongeurs, aux batraciens et aux milles petits animaux qui passent à sa portée.

Il n'a de terrible que sa légende et son aspect : semblable en cela à tous les serpents.

Les poissons pullulent dans les eaux des immenses fleuves qui traversent le Chaco et constituent parfois pour les baigneurs un danger plus grand que les caïmans. Leur énumération nous entraînerait trop loin.

Les airs ne sont pas moins peuplés que les eaux ; à côté des oiseaux-mouches — ces joyaux ailés — on trouve une grande variété de perroquets, canards, flamants. aigrettes aup ès des fleuves. Le *Nandou*, autruche américaine, se tient de préférence. dans le *campo* et chez les Indiens, comme partout ailleurs, ses plumes servent de parure, soit comme coiffure, soit comme ceinture.

Les insectes ont d'innombrables représentants ; les Indiens, quoique dépourvus de vêtements, entretiennent une véritable collection de parasites sur lesquels je n'insisterai pas.

Parmi les insectes je ne citerai que les abeilles, dont le miel et les larves servent de nourriture aux Indiens, les fourmis qui se construisent des habitations de forme pyramidale, dépassant parfois deux mètres dehauteur, de nombreux papillons aux couleurs variées, enfin, le moustique, le terrible moustique, le fléau le plus redoutable pour le voyageur après le manque d'eau ; car les Indiens, les jaguars et les serpents ne viennent qu'en troisième lieu.

Citons encore parmi les hôtes de Chaco, une araignée, grosse et dangereuse, la *pansakas*.

Les animaux domestiques, bœufs ou chevaux, communs chez les Indiens soumis des bords du fleuve, sont seuls une rareté sur le territoire inexploré, malgré l'abondance de l'herbe dans le *campo*.

C'est ainsi qu'à mon retour, j'ai eu la plus grande peine à échanger, chez les Indiens Aksseks, mon cheval fourbu contre un autre cheval qui ne valait guère mieux.

Certaines régions du Chaco constitueraient pourtant un merveilleux pays d'élevage ; mais l'incurie des Indiens, leur paresse, le profond abrutissement dans lequel ils sont plongés, bornent leurs idées à la seule recherche de leur nourriture.

Tel est le Grand Chaco-Galamba, infranchissable barrière dressée entre les Républiques de l'Est et de l'Ouest de l'Amérique du Sud, car 20.000 lieues de désert séparent plus les peuples que 100,000 lieues d'Océan.

***

En 1884, à mon retour d'Afrique, mes études et ma passion des voyages me conduisirent vers les régions inexplorées de l'Amérique du sud. Après quelques mois passés à préparer mon expédition et à apprendre la langue « *toopii* » usitée dans les tribus que j'allais traverser, j'entrai dans le Chaco, partant de Corrientès et me dirigeant vers Candelaria, village situé dans la province de Salta.

Pour ce trajet d'environ 670 milles nautiques, j'étais accompagné de deux Indiens Chunupis et d'une « trupilla » de 16 chevaux portant mes bagages. Je ne reviendrai pas sur les péripéties et les déboires de cette première exploration. Arrêté au bout de 25 jours de marche par un immense lac salé inconnu que je ne pus contourner, malgré une m rche de 113 milles sur ses bords, en proie à une fièvre ardente, privé d'eau potable, je fus obligé de rentrer à Corrientès, rapportant de ce voyage de 463 milles des relèvements topographiques et des documents ethnographiques sur les peuplades indiennes appartenant aux tribus Mocovis, Chunupis, Velelas et Matacos.

Réconforté par votre bienveillant accueil, et loin de me laisser rebuter par ce premier échec, je repartis bientôt pour l'Amérique du Sud, chargé d'une mission géographique par le ministère de l'instruction publique.

Choisissant alors une région voisine, tout aussi peu connue, comme objet de mes études, je me proposai en partant de la côte Paraguayenne par 60° de long environ et entre le 25° et le 26° parallèle S. d'atteindre Tarija (Bolivie) après avoir traversé en diagonale dans toute sa longueur la partie du Chaco Central imparfait ment explorée, comprise entre les rios Pilcomayo et Vermejo.

Arrivé à Buenos-Ayres, le 26 juillet 1886, je conçus tout d'abord l'espérance de pouvoir former mon escorte à Formosa, poste militaire du Chaco-Central.

Mais les prétextes invoqués par les autorités locales, le départ de compagnons de route précieux, le choléra, enfin, qui pendant trois mois me retint enfermé à l'Assomption du Paraguay, toutes ces difficultés et toutes ces tribulations retardèrent ma mise en route pendant 16 mois.

Ce temps n'a pas été perdu ; car, à bord de

mon yacht le *Crevaux*, j'opérais des sondages dans les rios Parana et Paraguay et corrigeais diverses erreurs des cartes hydrographiques. De plus, je terminais à 27 ans d'intervalle les sondages du lac d'Ypa-Caraï, œuvre commencée par les ingénieurs anglais Burel et Valpy et interrompue en 1864 par la guerre du Paraguay et je profitais de mes relations avec les Indiens soumis pour étudier les idiomes *quarani* et *guana*, d'où dérivent la plupart des dialectes des indiens de Chaco.

Enfin le choléra cessa de sévir à l'Assomption ; j'allais pouvoir commencer mon exploration.

Il ne vous sera peut-être pas indifférent, Mesdames et Messieurs, d'avoir une rapide impression de la capitale du Paraguay.

L'*Assomption* s'élève en amphithéâtre sur les collines et les falaises qui bordent la rive gauche du Rio Paraguay, en face du delta formé par l'embouchure du Pilcomayo. A vol d'oiseau, cette ville ressemble à ces pittoresques villégiatures des environs de Paris, où les villas apparaissent clairsemées au milieu d'un océan de verdure ; mais là-bas les bosquets sont d'orangers, de bananiers, de lauriers et de camélias.

Cet aspect tient à la construction uniforme des maisons, par îlots, en façade sur des rues tirées au cordeau et se coupant à angles droits, tandis qu'elles possèdent toutes par derrière un *patio* et un jardin.

Les architectes paraguayens semblent affecter une profonde indifférence pour la symétrie ; car, dans une rangée de fenêtres, il y en a toujours de plus larges ou de plus élevées que les autres, de même que les liteaux et les encadrements sont généralement placés de travers. En revanche, les façades décorées de pilastres sont peintes en jaune clair ou en violet. Les édifices publics sont peu nombreux et de pauvre apparence. La cathédrale et l'église San-Roque ont un aspect monumental, grâce à leurs frontons élevés à une grande hauteur au-dessus du toit.

Le Panthéon, la gare du chemin de fer central, le palais et le théâtre, constructions décrétées par le maréchal Lopez dans un moment d'enthousiasme, sont restés inachevés. Seul, l'Arsenal d'où sortirent ces canons qui permirent au Paraguay de tenir tête au Brésil, à l'Uruguay, à la République Argentine et de retarder pendant 6 ans l'entrée des troupes alliées sur le territoire paraguayen, l'arsenal atteste encore par l'importance de ses ruines le génie du dictateur.

La *Recoleta* et la *Cancha* sont les promenades de prédilection de la population « Asuncena. » La *Cancha*, ancienne villa de Mme Lynch, la femme de Lopez, est située au sommet d'une colline boisée d'où la vue s'étend sur un panorama admirable, formé par la ville, le port, le fleuve et borné à l'horizon par les rives verdoyantes du Chaco. On se rend à la *Cancha*, à travers des flots de poussière, soit à cheval, soit encore dans des tramways qui obtiennent à l'Assomption le même succès dont ils jouissent dans toute l'Amérique du Sud. On comprend quelle place doivent tenir les promenades dans l'existence d'une population démonstrative, prompte à l'enthousiasme et aimant par-dessus tout la vie libre, en plein air, sous un ciel éternellement bleu.

Levé de bon matin, le paraguayen endosse sa chemise blanche, d'une blancheur immaculée qui, avec son pantalon de toile constitue tout son costume et prend les cinq ou six infusions de *maté* préparées par sa compagne. Puis le chapeau de feutre sur la tête — car il n'y a que les étrangers qui portent des chapeaux de paille — le couteau à la ceinture et le *poncho* aux dessins variés, jeté sur l'épaule, il va du port à la Calle Palma, se promène à l'aventure par les rues de la ville et ne rentre chez lui que le soir enivré de poussière, de mouvement et de bruit.

Vêtue d'une longue chemise de toile blanche, serrée à la ceinture et bordée parfois de dentelles d'une incomparable légèreté, la Paraguayenne est une des fleurs les plus gracieuses de la flore tropica'e. Elles sont d'excellentes ménagères; on les rencontre de bon matin au marché, un gros cigare à la bouche et glissant au milieu de la population compacte et grouillante, sans laisser tomber le paquet ou la cruche, voire même la bouteille, qu'elles portent toujours sur la tête avec un merveilleux équilibre. Leurs principales occupations sont, avec le blanchissage et la confection des vêtements, la fabrication de ces fines dentelles qui sont un vrai travail de mains de fées. Ajoutons que dans la guerre du Paraguay, qui fut une de ces guerres de géants dont notre vieille Europe a perdu la mémoire, tous les Paraguayens en état de porter les armes moururent jusqu'au dernier, avec le dictateur Lopez, pour la défense de la patrie, et à la fin de la guerre, le recensement établit qu'il y avait dans la population trois cinquièmes de femmes. Les Paraguayennes se montrèrent les dignes compagnes de ces héros, les dignes sœurs des Parisiennes du siège.

*
* *

Dès qu'il me fut possible de sortir de l'Assomption, je partis pour Villa-Conception, puis je gagnai Puerto-Cazado et Puerto-Monte, dernier poste civilisé sur la route de l'inconnu. Enfin, le 13 octobre 1887, je quittai le rio Apa, sur la frontière du Paraguay et du Brésil, à 366 kilomètres de l'Assomption, et je pénétrai sur le territoire inconnu par 22°03 de latitude sud et 60°07 de longitude ouest (méridien de Paris) me dirigeant sur Tarija (Bolivie).

Les soldats qui, sur l'ordre de l'alfarez commandant, M. da Souza, avaient aidé à faire passer les chevaux, nous quittèrent et je me trouvai seul avec une escorte de 50 Indiens guanas et du seul Paraguayen qui se fut décidé à m'accompagner, le *péon* Ayala.

N'oublions pas Diane, ma fidèle chienne de Biskra, qui me suit dans tous mes voyages.

A une lieue et demie du fleuve, la découverte d'une *Senda*, sentier indien étroit et tortueux, assez large cependant pour laisser passer mon cheval, me fit tout d'abord bien augurer de mon voyage. Le terrain était argileux et plat, couvert d'une herbe épaisse et haute, les *riachos* étaient nombreux et pourvus d'eau. Dès le premier jour, nous fîmes 10 lieues, dont 7 dans l'Ouest et le Cacique Karapé m'offrit l'hospitalité dans son *tolde* (habitation, sorte de hangar) endommagé par le feu. De plus il me promit de m'accompagner jusqu'au *tolde* du Cacique Cristiano qui, à son tour, me ferait accompagner chez le Cacique Kira, dont le *tolde* était distant de six jours de marche environ. De là, je pouvais gagner la Bolivie en 20 jours. à travers un pays complètement desséché. Somme toute, la journée était bonne et je m'endormis plein d'espoir au milieu des Indiens, dont le contact était loin d'être attrayant; mais il y avait beau temps que j'avais fait le sacrifice de mes délicatesses d'Européen!

Le lendemain, nous arrivâmes de bonne heure chez Cristiano qui me reçut cordialement, et m'offrit des patates et des haricots noirs que je mangeai de fort bon appétit. Puis en compagnie de Cristiano et de son frère qui doit m'accompagner jusqu'au *tolde* de Kira, nous nous mettons en route à travers le *campo* couvert d'herbes brûlées. Nous rencontrons bientôt le cacique Poukou, remarquable par sa taille gigantesque; il se rendait à Apa. Mais en apprenant que je vais chez Kira. il rebrousse chemin et insiste pour me faire passer par son *tolde*. J'acceptai d'autant plus volontiers que son *tolde* était peu éloigné de ma route, et qu'il pouvait me donner d'utiles recommandations.

A ce moment, ma petite colonne s'avançait dans l'ordre suivant : en tête le guide remorquant mon carguero (cheval portant mes bagages), puis Ayala, le fusil sur l'épaule, Cristiano, son frère, six Indiens guanas, armés de fusils et de flèches, enfin derrière, votre serviteur à cheval, fermant la marche et suivant ces bons amis avec une confiance qui n'excluait nullement la vigilance.

Nous arrivons à la nuit au *tolde* de Poukou et je fus assez étonné de trouver un rancho très convenable, bâti dans une position splendide, entouré de cultures et de pâturages où paissaient des vaches. Poukou me fit les honneurs de son *home* d'une façon à laquelle j'avais peu été habitué chez les Indiens.

On étendit des nattes, on me prépara un hamac, le Cacique lui-même m'offrit sa pipe. Puis nous mangeâmes des patates, entourés d'une soixantaine d'Indiens qui nous regardaient curieusement.

Le lendemain, 15 octobre, nous nous mettons en route de bonne heure, escorté de Cristiano, de son frère et de dix guanas dont un enfant. Mais il était difficile de savoir le nombre exact d'hommes qui m'accompagnaient; car à chaque paât, à chaque lagune ou à chaque détour du *monte* (bois épineux) que nous traversions, les uns s'arrêtaient ou d'autres se joignaient à nous. En sortant d'un petit bois nous découvrons un *tolde* où il n'y a que des femmes.

L'une d'elles chante pour nous souhaiter la bienvenue, étend sur le sol une peau de cerf. Nous y faisons une courte halte et, continuant notre chemin, nous traversons bientôt un *riacho* contenant assez d'eau pour que je puisse m'y débarbouiller, pour la première fois depuis mon départ. Vers le soir, nous atteignons le *tolde* du frère de Poukou et nous mangeons un singe tué dans la journée. Je me couche entre le Cacique à ma droite et Diane à ma gauche. La nuit est splendide; la Croix du Sud étincelle à l'horizon, tandis que dans le Sud, le ciel est rougi par l'incendie des hautes herbes allumé sur notre passage.

Le 16 octobre, nous partons à 6 heures 15. Le bois devient de plus en plus épais; un Indien tue un serpent *akioua* et nous apercevons beaucoup d'oiseaux dans le *Monte*; le

Cacique est obligé de faire passer un homme en avant pour couper les branches avec son *Machete*.

A la halte de 9 heures et demie, rous déjeunons d'une sorte de gousse appellée *engadh* qui, avec les patates et le miel constitue la principale nourriture des Guanas. Ils en fabriquent des pains qu'ils mangent secs, ou bien ils font une sorte de bouillie en trempant les noyaux de l'*engadh* dans du miel et après les avoir bien sucés ils les crachent dans le plat de miel pour les sucer de nouveau, jusqu'à ce qu'il ne reste plus de miel. Il faut avoir le cœur solide pour supporter la cuisine Guana ! Une demi-heure après, nous nous remettions en marche. Nous cheminons par la monte, toujours fort épais, en suivant le lit sablonneux d'un *riacho* à moitié desséché, encaissé entre deux murailles de verdure.

Avec un peu d'imagination, on aurait pu se croire dans une allée du bois de Boulogne, et le souvenir de la patrie absente me traversa l'esprit à ce moment, car j'ai noté sur mon carnet de route cette singulière association d'idées.

Mon escorte se composait alors de dix-neuf hommes diversement armés et avait, ma foi, assez bon air. Tout en marchant, j'échangeais quelques paroles avec le Cacique Cristiano, qui, émerveillé de me voir apprendre rapidement son idiôme et adopter les habitudes des Indiens — un peu par force, il est vrai — m'accordait de plus en plus son amitié et son estime. Il ne m'appelait plus *senor*, mais bien « Cacique », et, ajoutant au titre une décoration, il fixa à mon casque une plume noire.

.....Cacique ! — Heureusement que le ma-

gnanime Cristiano ne mit pas le comble à
ses bienfaits en me forçant à porter à la lèvre
inférieure des sonnettes de crotales, des plu-
meaux de *nandous* ou quelque autre orne-
ment, dernière création de la mode Guana.
Flatté de tant d'honneurs, je ne me laissai
cependant pas enorgueillir au point d'oublier
que le jour baissait et que malgré mon *caci-
quat* de fraîche date, je risquais fort de passer la nuit à la belle étoile. En outre, il me
fallait des vivres pour mes hommes et je fis
comprendre à Cristiano que cinq Indiens et
lui étaient suffisants pour m'accompagner en
Bolivie. Enfin nous arrivons au *tolde* de Kira,
grand *padt* rectangulaire et fermé de trois
côtés comme un hangar.

Je charge deux Indiens de se procurer six
moutons et je leur donne pour payer deux
fusils et deux chemises. Je me décide à m'arrêter un jour entier dans ce *tolde* ; une pluie
torrentielle nous empêche de sortir ; mes
deux Indiens reviennent sans avoir trouvé
aucun mouton. Cette nouvelle refroidit l'enthousiasme de Cristiano, et Ayala lui-même,
accroupi dans un coin, semblait s'abandonner à de tristes pensées. Le Cacique me déclara qu'il ne pouvait m'accompagner plus
loin, car je courais à une mort certaine en
m'enfonçant dans l'Ouest. C'est là, en effet, le
pays des Matias ou M'boyas, ennemis des
Guanas, et la frontière des Chamacocos, en
guerre avec les Guanas. Je mis en œuvre
toutes les ressources de ma diplomatie ; Cristiano ne répondait pas et détournait la tête.
Toute la nuit se passa en pourparlers et, au
petit jour, je fis rapidement seller les chevaux. Mais le Cacique se réveille et me regarde de travers. Je refuse de toucher au

plat que l'on me présente. A son tour, Kira refuse de me donner la main au moment de mon départ.

C'est un ennemi que je laisse derrière moi. Eh bien, tant mieux! Mes vaisseaux sont brûlés. En avant! Je confie une partie de mes bagages : tente, lit de voyage, sac d'effets à Kira et charge Cristiano de diverses lettres pour Apa. Comme Ayala et moi ne connaissons pas les *Sendas* plus enchevêtrées que la chevelure d'un Indien, nous prenons la direction ouest à travers le *Monte*. Au bout d'une demi-heure, un Indien que j'avais dénommé Joachim et dont Ayala s'était fait un ami, vient à pas de loups nous indiquer la vraie *senda*, celle qui menait « où le soleil se couche ». Je remerciai cet ami de la dernière heure et nous nous retrouvâmes seuls, Ayala et moi, perdus dans l'immensité du désert, entourés d'ennemis, avec plus de 90 lieues de voyage devant nous !... Mais ce n'était pas le moment de philosopher. Sous une pluie torrentielle, nous traversons *monte* et *campo*, enfin après une immense plaine couverte de hautes herbes, nous atteignons un *padi* vide, mais qui cependant ne paraissait pas abandonné.

Je profitai de l'absence des habitants pour calculer et pointer ma route, ce qui est toujours fort difficile à faire sans exciter la méfiance des Indiens. Malgré nos inquiétudes, la nuit se passa tranquillement; mais nous souffrîmes de la pluie qui avait transpercé nos vêtements.

Le lendemain matin, 19 octobre, Ayala, complètement démoralisé, affaissé sur lui-même, paraissait plongé dans une mélancolie qui le rendait tout à fait inerte. Comme il ne

voulait pas avouer les motifs qui le pous-
saient à me quitter, il prétendit que ce qui
l'effrayait le plus, c'était « la mauvaise nourriture ». Je ne savais pas mon *peon* aussi
délicat.

Voyez-vous maître Ayala se plaindre de
ne pas avoir, le matin, sa tasse de chocolat,
quand le plus souvent je mangeais des mets
indiens tellement répugnants que Diane ne
voulait pas y toucher ! Pour ne pas prolonger
la discussion, je presse le départ, et nous
chevauchons sans mot dire à travers le *Monte*
puis par une plaine immense, bordée à l'horizon par des forêts. Comme la *senda* se diri-
geait depuis trop longtemps vers le sud, je
me décide à la quitter pour me rejeter sur
l'ouest. Bientôt nous apercevons un Indien,
accompagné d'une femme et d'un enfant. La
femme nous indique une *senda* qui va vers
l'Ouest, et nous arrivons à un *padt* où quelques vieilles femmes nous accueillent chan-
tant nos louanges, selon la coutume, et agi-
tant leurs castagnettes d'ongles de chèvre.

Ayala ne paraissait pas très rassuré de
mener seul boire les chevaux à des mares
éloignées environ d'une lieue.

Nous allons ensemble jusqu'au puits où
une dizaine de femmes d'un *padt* voisin nous
entourent et font mine de vouloir nous enle-
ver. Nous résistons de notre mieux aux tentatives de ces sirènes par trop aimables ; et
pour ne pas les froisser, je consens à m'as-
seoir sur des peaux qu'elles étendent sur le
sol, et à manger de ce fameux *engadh* dont
j'ai donné plus haut la description peu ra-
goûtante. Les maris de ces dames étaient à
la guerre ; et à notre retour, nous rencon-
trâmes deux Indiens armés d'arcs et de flè-

ches de guerre qui nous expliquèrent par gestes qu'en nous avançant davantage dans l'Ouest nous nous ferions fatalement tuer.

Il n'en fallait pas tant pour achever mon brave Ayala; à peine arrivé au *padt* il me déclara de nouveau qu'il voulait retourner sur ses pas. Il n'y avait pas à discuter; je l'écoute froidement et me contente de lui indiquer d'un geste la direction du retour. Il part... Ce n'est pas sans une angoisse profonde que je vis s'éloigner mon dernier compagnon, le seul homme en qui je pouvais avoir confiance, le seul homme blanc enfin avec lequel je pouvais échanger mes idées, parce que lui seul, dans ce pays de sauvages, était capable de comprendre mes espérances et mes désirs.

A ce moment, je sentis que j'étais seul et que la France était bien loin... Mais je n'avais pas le temps de me laisser abattre; je partageai tous mes objets lourds entre les Indiens qui arrivaient, prévenus par les femmes, et qui, me voyant abandonné, lorgnaient déjà mes pauvres loqués. Puis je chargeai un Indien, qui fit mine de ne pas me comprendre, de porter deux lettres à Apa. J'avais hâte de m'éloigner du *padt*, craignant quelque incident. Mais voici le Cacique qui arrive et veut tout simplement me retenir comme prisonnier; c'est à mon tour de ne plus comprendre et, en attendant, j'arme mon remington, soit-disant pour « tuer le tigre ». Je m'en tire cependant sans encombre.

A sept heures du soir, je trouvai l'hospitalité dans un *padt*, où la trop grande amabilité des femmes mit ma vertu à l'épreuve. Mais je ne bronchai pas au milieu de ces Putiphars, d'autant plus qu'une dizaine d'Indiens étaient arrivés en criant et en brandissant des armes ensanglantées, d'un air peu sympathique. A chaque question du Cacique, je répondais : *Apéménénec*, j'ai faim ! et voyant qu'il ne pouvait me faire sortir de mon mutisme, il me fit donner des *engadh* que j'avalais en affamé, malgré ma répugnance.

Carabine armée et couché à côté de Diana, je passai une nuit assez agitée, comme bien on le pense, au milieu de ces Indiens, atrocement barbouillés du sang des Chamacocos, qui se racontaient leurs prouesses et maltraitaient deux jeunes Chamacocos qu'ils avaient faits prisonniers.

Je feignis de dormir, sans regarder du côté des femmes, et aucun incident ne se produisit, j'avais hâte de m'éloigner et, le lendemain, 20 octobre, au petit jour, je selle mon cheval et me mets en route. Mais voici bien une autre affaire; le Cacique ne veut absolument pas me laisser partir. Me prenait-il aussi pour un Chamacoco?

Merci de la comparaison. Je continue mon jeu de la veille et fais semblant de ne rien comprendre. Le Cacique insiste et saisit mon cheval par la bride; alors je tire mon revolver. Le Cacique me lâche; il avait compris et moi aussi.

Je m'en allais donc, sans demander d'explications, et non sans inquiétude à cause des hautes herbes, quand, au coin d'un petit *monte*, trois Indiens se présentent et s'offrent à me montrer le chemin. Je les fais passer devant moi, par prudence plus que par politesse, et quelques minutes après, ils disparaissent dans le fourré, puis cinq Indiens surgissent soudain à ma droite. L'un m'envoie une flèche qui m'entre dans la cuisse à

une profondeur d'environ trois centimètres
et m'égratigne le flanc; l'autre frappe mon
cheval de deux coups de *pletâou* (large couteau), sur la croupe. La fuite était difficile à
travers un terrain où des takourous (fourmi-
lières) formaient des monticules de plus d'un
mètre de hauteur, propices aux embuscades.
Mais quatre coups de fusil tirés un peu au
hasard avaient heureusement mis mes ag-
gresseurs en déroute. Un peu plus loin, sur
la lisière d'un *monte*, je pus m'arrêter, panser
mon cheval ensanglanté, visiter ma blessure
qui était insignifiante.

Quelques *Karaguatas* se trouvaient dans les
environs conservant l'eau des pluies à l'ais-
selle de leurs feuilles. Je pus faire boire
mon cheval et boire moi-même. Mais soudain j'aperçois deux Indiens qui ont retrouvé
ma piste; aussitôt, en selle, je pique des deux
et les laisse vite derrière moi par un petit
temps de galop dans un vaste *campo*. J'avais
échappé au danger immédiat; mais dans ma
fuite, j'avais perdu une boussole et cassé
un thermomètre. Je mets pied à terre pour
me reconnaître un peu et ressangler mon
cheval. Ma situation était loin d'être plai-
sante : ennemis derrière moi, devant moi l'inconnu, représenté pour le moment par un
monte épineux à travers lequel je dois me
frayer un chemin à coup de *machete*. Pas
d'eau dans le voisinage et ma provision di-
minue !

Après quelques minutes de réflexion, je me
résous à abandonner tout ce qui n'est pas
strictement indispensable et je me remets en
route vers l'ouest. Heureusement que je
trouve une *senda* ! On comprendra facilement
quelle vive émotion me causa cette décou-

verte ; mais alors je n'avais pour la partager
que Diane et mon pauvre cheval.

Je sors enfin du bois épineux ; la végétation
est superbe, mais la sécheresse est absolue,
et pour comble de malheur, ma gourde s'est
brisée contre un arbre. J'ai grand soif et
Diane me regarde d'un air suppliant. Des
trous de pas se montrent sur la *senda* et
j'aperçois bientôt à un brusque détour du
chemin, un *padt* fort délabré et, à côté, une
vieille femme horrible, qui pousse des cris
affreux, et un jeune garçon idiot, ressemblant à un singe plus qu'à un homme. Mais
voici un Indien peut-être plus sociable. En
effet. il me montre le bon chemin à travers
un dédale de *sendas* et me mène après deux
heures de marche à un grand *padt*, où se
réunissent bientôt la vieille, l'idiot, une quin-
zaine d'Indiens et un bonhomme à cheveux
blancs qui me regardent tous avec la plus
vive curiosité. Ils me palpent de tous les
côtés et le Cacique me touche la barbe qu'il
considère comme une chose extraordinaire.
D'après les renseignements que je pus obte-
nir, je me trouvais dans une tribu des Néennssémakas, environ à trente lieues du Rio
Pilcomayo, ce qui concordait assez bien avec
mes calculs, car j'avais fait, depuis mon départ d'Apa, 72 lieues marines, dont 60 en ligne
droite.

L'hospitalité de ces pauvres gens fut assez
cordiale ; ils voulurent absolument me faire
admirer leur champ de patates comme je l'ai
dit plus haut, et ils m'offrirent un morceau
d'iguane auquel je fis honneur. Après une
nuit passée sur le qui-vive, je me mets en
route, le lendemain, 21 octobre, non sans
mécontenter les Indiens qui convoitaient mon

cheval. Mais, deux heures après, ma bonne étoile me conduisit devant un *paât*, où je fus admirablement bien reçu, contrairement à ce que j'attendais.

D'après les Indiens, le fleuve était à 6 journées de marche dans l'Ouest, mais il m'était impossible de dépasser deux journées de marche, car : *Imenma*, il n'y a pas d'eau! C'est la seule réponse que je pus en tirer, accompagnée du geste de gratter la terre avec les ongles.

Je demande au Cacique deux hommes pour me guider; il m'en accorde 25. — Il m'accable de ses bienfaits; mais à peine en route tous mes Indiens me faussent compagnie, un seul demeure; espère-t-il être mon héritier? Non, tant de cupidité n'entre pas dans son âme primitive. Il s'est dit tout bonnement que le puits était à présent plus rapproché que le *paât* et il ne tient pas à avoir fait une course inutile. Après la traversée d'un *monte* épais, rempli de plantes grasses et de palmiers nains, nous arrivons à un petit *tolde*, à côté duquel un grand trou creusé dans l'argile contient de l'eau jaunâtre. Nous buvons avidement et mon Indien déclare qu'il n'ira pas plus loin; son rêve est accompli.

Imenma! répond-il à toutes mes sollicitations.

Imenma! répète avec obstination une femme qui vient remplir ses gourdes à la mare. C'est le pays de la soif et du désespoir; il faut être fou pour s'y aventurer.

Cependant la pensée d'être peu éloigné de toucher au but de ce voyage si longtemps préparé me remet en route malgré la disposition de mon Indien.

Je suis la *senda* qui, à présent, traverse des

fourrés de bois épineux et desséchés, de cotonniers énormes, de plantes grasses gigantesques. Je passe près de trois *toldes* abandonnés ; la raison n'en est que trop facile à deviner :

Imenma !

Diane se traîne plutôt qu'elle ne marche.

Imenma !

Encore peu éloigné du dernier *tolde* habité, je me résous à y retourner à la nuit tombante, plutôt que de perdre mon cheval. Je l'atteignis à dix heures du soir, me traînant à grand'peine et pris de fièvre.

Les Indiens me traitèrent en ami et, pendant toute la nuit, mon insomnie fut peuplée de visions funèbres.

La situation était, en effet, des plus critiques. Il me restait environ pour huit jours de vivres (à 2 poignées de farine par jour, pour moi et Diane) et il fallait compter neuf journées de marche pour atteindre le Pilcomayo. De plus mon cheval fourbu ne pouvait guère marcher plus d'un jour sans eau, et il m'était impossible de porter 20 litres d'eau, pour moi et ma chienne (estimant notre consommation à un litre par jour), avec mon fusil, mes cartouches, mes carnets et mes instruments absolument indispensables.

D'un autre côté, comment attendre ici la pluie pendant quatre ou cinq lunes en compagnie d'Indiens qui ont eux-mêmes la plus grande peine à se nourrir ?

Le mieux était encore d'aller de l'avant ; jusqu'où ? L'avenir me l'apprendrait. Je pars suivant la *senda* à l'ouest avec l'Indien qui m'a donné à boire hier et son fils. Deux gourdes constituent toute ma provision et, au dire de l'Indien, la traversée du *monte* épineux qui nous sépare du fleuve durera 9 jours.

La mort m'est assurée dans l'Ouest ; mort lente et terrible par la soif. Dans l'Est, seul chemin qui peut me ramener vers le monde civilisé, il y a des Indiens ennemis ; mais ce sont des hommes après tout. Cruelle alternative.

Je propose alors à l'Indien qui m'accompagne de lui donner tout ce que je possède, s'il veut me suivre jusqu'au fleuve. Il regarde mon cheval, mes armes et mon *poncho* d'un air d'envie ; puis il secoue tristement la tête. Ce n'est pas possible ; il ne veut pas mourir. Je n'insisterai pas, Mesdames et Messieurs, sur ces souvenirs douloureux, et sur cette heure inoubliable du 24 octobre 1887 où vaincu, à bout de forces, je me décidai à revenir sur mes pas et à regagner mon point de départ après avoir enterré au pied d'un *oudssa* une bouteille renfermant quelques documents de mon passage.

Mais, le lendemain, malgré une nuit de fièvre et d'angoisses, j'étais résolu à continuer ma marche, à ne pas perdre, faute d'un peu d'eau, le fruit de tant de fatigues et de tant de misères ! Ne valait-il pas encore mieux mourir dans un dernier effort que de m'avouer vaincu ? Je remplis mes gourdes et fis boire mon cheval à la citerne du petit *tolde*, puis, bien résolu à risquer le tout pour le tout, je reprends la route de l'ouest, adressant une dernière pensée à ma famille, à mes amis, à la France, à tous ceux que j'aimais et que j'étais condamné à ne plus revoir.

Je m'enfonce donc dans ce pays maudit, région désolée par la sécheresse, abandonnée de tous ses habitants, et n'ayant pas même

de karaguatas ! Les 27, 28 et 29 octobre furent
pour moi des jours d'agonie ; ma provision
d'eau se réduisait de plus en plus, mes forces
m'abandonnaient, et je serais certainement
mort de soif à côté de Diane le 30 octobre, si
je n'avais rencontré des Indiens, c'est-à-dire
des hommes, c'est-à-dire de l'eau.

J'étais tombé au milieu d'une tribu Akssek,
heureusement hospitalière, mais dont je ne
comprenais pas la langue. Tous me regardaient comme un être extraordinaire et me
demandaient par signes de quel côté je venais.
Je m'empressai de détourner leurs soupçons
en leur déclarant que je venais de l'Ouest et,
qu'après une excursion dans le Chaco, je me
disposais à rentrer chez moi.

Je notai soigneusement ce point important
de mon exploration par 21° 46' 15'', de lat. S.
et 63° 56' 30'' de long. O. Désormais, je pouvais
espérer continuer mon voyage, sinon confor-
tablement, du moins, dans des conditions
normales.

Reconforté par un repas de *cogoyas* cuites
sous la cendre et d'iguane, je partageai la
couche primitive du Cacique, de sa femme et
de sa belle-sœur, fort heureux de s'abriter
sous mon *poncho*.

Le lendemain, je me mis en route en compagnie de onze Aksseks et, vers dix heures,
après avoir traversé un bois assez épais,
j'aperçus auprès de la Senda par 21° 48 de lat.
S et 63° 07 de long. Ouest (méridien de Paris),
des ruines en briques assez importantes. Les
jours suivants j'en découvris d'autres, et les
Indiens me dirent qu'ils en connaissaient de
plus considérables.

A côté d'ouvertures cintrées ressemblant à
des bouches de fours, je trouvai dans une

excavation un nombre considérable de poteries incas dont j'ai pu rapporter quelques
spécimens. Comment les produits de la céra-
mique péruvienne ont-ils franchi les Andes
pour venir s'égarer à quelques jours de marche du territoire bolivien? La carte de Moussy
indique Abarenda, suivie d'un point d'inter-
rogation, dans le voisinage, et une carte des
Jésuites, que j'ai pu consulter à la Bibliothè-
que Nationale, grâce à l'affabilité bien connue
de MM. Gabriel Marcel et Mallat de Bassilan,
relate non loin de là le massacre du frère
Romero. De plus, compétents que moi éluci-
deront la question.

Quelques jours après, je pénétrai sur le
territoire bolivien et relevai le point extrême
de mon voyage par 21°55 de lat. S. et 63°41 de
long. Je revins sur mes pas après avoir
décidé les deux Caciques aksseks à m'accompagner au retour avec trente Indiens
pour porter les poteries incas découvertes,
au lieu dit Abarenda, et divers documents
ethnographiques, obtenus par des échanges,
dans différentes tribus. J'avais également
réuni, à l'intention de M. Milne-Edwards, quelques spécimens zoologiques. Mais dans des
transbordements de pirogues, les caisses
qui les contenaient furent un peu trop vive-
ment secouées et, la chaleur aidant, je n'ai
plus retrouvé à mon arrivée qu'un amas d'os
et de chairs meurtries, que les chiens de
Jézabel ne se seraient pas disputé. Un boa
seul a pu résister, grâce à la solidité de sa
peau.

Mon retour s'effectua sans encombres par
la même senda et, après quatre mois de
voyage, je rentrai à Apa, à la tête de mes Indiens, mais dans un assez piètre équipage.

***

Mon but était complètement atteint ; la *senda* que je venais de suivre pendant 72 lieues marines, c'est-à-dire 400 kilomètres, jusqu'au territoire bolivien, en fixant ses diverses positions géographiques par le lever trigonométrique de ma route et par une série d'observations astronomiques, établit une communication courte et directe entre le Rio Paraguay et la Bolivie. Cette route commerciale si activement recherchée depuis trois siècles si énergiquement réclamée par trois Etats : la République Argentine, la Bolivie et le Paraguay est surtout pour la Bolivie une question vitale.

En effet, de toutes les Républiques de l'Amérique du sud, la Bolivie privée depuis 1879 de ses débouchés naturels sur le Pacifique, et devenue, par suite des évènements politiques, un état méditerranéen — la Bolivie a surtout besoin d'une issue vers l'Atlantique par le Paraguay et la République Argentine à travers le Chaco.

Cette République, d'une étendue de 1,139,250 kilomètres carrés, deux fois et demi la superficie de la France — pour une population de 1,182,279 âmes sans compter les Indiens — et dont le mouvement commercial ne dépasse guère 150 millions, ne possède pour tout écoulement à ses riches produits : céréales, quinquina, caoutchouc, coco, minerais d'argent et de cuivre, etc. — que deux routes longues et difficiles.

L'une, de Tarija à Buenos-Ayres, d'une longueur de 1,770 kilomètres, passe par Jujuy.

Tucuman et Salta et traverse les derniers contreforts des Andes par des sentiers praticables seulement à dos de mulet.

L'autre, de Sucre à Buenos-Ayres par Corumba, Villa Conception et l'Assomption compte 3,160 kilomètres, à travers des régions privées d'eau et les derniers contreforts des Andes.

Les nombreuses tentatives du gouvernement bolivien, les sommes dépensées pour s'assurer de la navigabilité du rio Pilcomayo, projet poursuivi avec persévérance par notre courageux compatriote, M. Thouar, et qui sera le plus pratique, quand le Pilcomayo sera canalisé, enfin le dernier projet de route de Sucre à Buenos-Ayres, en ouvrant une *picada* (trouée) à travers la forêt vierge, à la hauteur de Puerto-Pacheco, sur une étendue de 56 lieues géographiques! prouvent l'importance d'une route commerciale facile, courte et directe à travers le Chaco.

En agrandissant la *senda* que j'ai suivie à travers un pays presque uniformément plat, en atténuant les coudes que la prudence des Indiens y a ménagés et qui offrent peu de difficultés, puisque la *Senda* présente environ 50 lieues en ligne droite sur 72; en creusant une dizaine de puits, soit un puits par 5 lieues (journée de marche d'un indien) on obtiendrait entre le Rio-Paraguay et la Bolivie, une voie de communication facilement franchissable en 15 jours de marche. Par cette route, Tarija ne serait plus éloigné de Buenos-Ayres que par 376 lieues marines, soit 20,080 kil.; dont 1420 kil. par eau, sur les rios Parana et Paraguay, parfaitement navigables jusqu'à mon point de départ, Apa.

Je ne m'étendrai pas ici sur les avantages

que la civilisation et le commerce retireront d'une voie de transit facile et directe à travers le Chaco boréal.

J'espère, Mesdames et Messieurs, avoir contribué à sa découverte; et après les déboires, les fatigues et les privations d'une rude exploration, c'est une consolation d'avoir attaché mon modeste nom de voyageur français à une des routes futures de la civilisation.

Permettez-moi de faire suivre ce rapide récit de mon voyage à travers l'Amérique inconnue de quelques notes ethnographiques sur les peuplades indiennes avec lesquelles j'ai vécu pendant mon expédition.

Un des écrivains espagnols les plus consciencieux de la fin du dix-huitième siècle, Félix de Azarà, n'hésitait pas à déclarer « qu'il est douteux que l'on puisse classer l'Indien parmi les hommes ». Cependant, le même écrivain, dans un autre chapitre, reconnaît que « pour barbare qu'il soit, pour incomplet que soit son langage et pour bornée que soit son industrie, réduite aux exigences de la vie la plus simple, l'Indien est le sujet d'études le plus intéressant de l'Amérique ! »

Nous ne nous attarderons pas à réfuter la première opinion, naïve expression du mépris du conquérant pour les vaincus; la seconde doit seule nous arrêter.

Entre la chaîne des Andes aux glaces perpétuelles et les forêts vierges du Brésil et du Paraguay dans cette immense plaine centrale, dont l'aspect varie à l'infini, habitaient autrefois des nations innombrables, puisque les philologues ont cru distinguer jusqu'à 800 idiomes — et possédant une civilisation dont des derniers vestiges, échappés à la fureur des *conquistadores* ne font qu'accroître nos regrets de ne plus pouvoir en pénétrer les secrets.

Aujourd'hui, dans le Chaco boréal seulement, on compte quatre grandes tribus indiennes : les Guanas, les Kamananghas, les Néensemakas et les Aksseks, appartenant comme les tribus secondaires des Banghis, des Zámucos, des Chamacocos, des Sapoukis à la grande famille Guarani, et dont j'estime la population à 50,000 environ.

Ainsi, j'évalue le chiffre de la population des tribus guanas à 20,000 individus environ, et les bases de ce calcul approximatif sont les suivantes :

Chaque *padt* (case indienne) compte de 60 à 80 personnes, hommes, femmes et enfants : moyenne 70. Selon les renseignements recueillis, les tribus guanas comprennent environ 70 paàts, $70 \times 300 = 21,000$.

Les Kamananghas constituent une population d'environ 3,000 individus, divisés en 100 *padts* de 30 habitants.

Les Néenssémakas doivent être au nombre de 10,000 environ, répartis entre 200 *padts* de 50 individus.

Quant aux Banghis qui m'ont blessé, je n'ai pu me procurer sur eux aucun renseignement précis. J'estime leur population à 8,000 individus, et celle des Aksseks à 600 environ, divisés entre 30 *padts* de 20 habitants.

Il est évident que tous ces chiffres sont approximatifs ; mais ces évaluations sont probablement exactes à cause de la densité de la population. Dans les grandes tribus dont je viens de vous parler, les hommes sont beaucoup plus nombreux que les femmes. Cela tient, m'a-t-on dit, sans que je puisse l'affirmer, à ce que les femmes ne gardent qu'une fille et tuent les autres. Les vieillards sont également nombreux ; il n'est pas de *padt* où ne vive un vieillard presque centenaire.

La propriété est collective dans chaque tribu ; du reste, à part les Guanas qui cultivent le maïs, le manioc et les patates et ont des animaux domestiques, elle ne se compose guère que de la *tolderia*, appelée encore *tolde*, *tohonto* ou *padt*, sorte de hangar, long parfois de cinquante et même de cent mètres, élevé de trois à quatre mètres et construit presque toujours auprès d'une citerne, au milieu d'un petit bois entouré de tous côtés par le *campo*.

Les parois des trois côtés de cette hutte consistent en branchages reposant sur des piquets de bois dur et noueux comme le *nandubay* ou le *quebracho colorado*. Le toit est formé de jonc ou de paille non tressée et pendant jusqu'à terre. C'est derrière ce rideau de paille que les Indiens observent continuellement les arrivants, sans que ces derniers puissent savoir si le *tolde* est vide ou habité.

A l'intérieur, d'une largeur de quatre mètres environ, sont disposées des peaux de jaguars ou de cerfs, tendues sur des piquets un peu au-de sus du sol. Ce sont les lits des gens mariés ; plus loin, au fond du hangar se trouvent les lits des célibataires et des enfants. Çà et là, aux piliers du *tolde* sont suspendus des flèches, des lances en bois *d'urunday* dense et très dur, des ustensiles de pêche, des sacs et filets en fibres de karaguatas.

Lorsqu'un homme meurt dans le *tolde* les Indiens brûlent la cabane et vont s'établir plus loin.

Aucune de ces tribus ne fait d'échanges permanents avec le monde civilisé. Les Guanas, qui sont le plus directement en rapport avec les blancs, viennent à des époques intermittentes échanger des peaux de cerf, de jaguar et des plumes d'autruche pour des couteaux et des morceaux de fer dont ils font leurs haches, la pointe de leurs flèches, et parfois pour des fusils, de la poudre et des capsules.

Aucune sorte de monnaie n'est en usage et n'a cours chez les Indiens. Si quelque pièce de monnaie tombe entre leurs mains ils la percent aussitôt et la suspendent à leur cou en guise de parure. Un fusil s'échange facilement chez les Guanas contre un cheval, un bœuf ou un enfant prisonnier, de 14 à 15 ans. Une peau de jaguar vaut dix boîtes d'allumettes, une peau de fourmilier vingt charges de poudre.

La disproportion qui existe entre la valeur des objets échangés prouve leur ignorance de tout commerce et leur indifférence pour la propriété.

— Donne-moi cela, me disaient souvent les Indiens en désignant ma chemise ou mon *poncho*.

Mais quand je leur avais fait observer que j'avais besoin de ces vêtements, ils n'insistaient pas et je n'ai pas un seul vol à leur reprocher.

Ainsi que je vous l'ai déjà dit, leur vie commune est celle d'un troupeau qui mange ce qu'il trouve et se couche où il est parqué.

L'autorité du Cacique n'est reconnue qu'à la guerre. En temps ordinaire, le Cacique travaille comme les autres. Je n'ai pas pu découvrir chez eux la moindre trace de religion.

Je leur demandais, en leur montrant les étoiles : « Qu'est-ce que c'est que ça ? » Ils me répondaient : « Ça, c'est du Feu. » — « Pourquoi faire ce feu ? » — « Ah ! je ne sais pas, » disaient-ils avec une indifférence complète.

Il n'ont pas même un nom pour se désigner les uns des autres. Quand ils veulent parler d'un autre homme de la tribu, ils l'indiquent de la façon suivante : « *Celui qui était couché près du feu hier soir,* » ou bien : « *Celui qui est allé à la fontaine ce matin.* »

Seuls quelques Caciques ont un nom, mais qui leur a été donné par des Guaranis paraguayens ; eux-mêmes n'eussent pas été capables de le trouver. L'un s'appelle Karapé (court), l'autre Puku (grand), un troisième Kira (gras), etc.

A mon départ d'Apa, j'avais comme second un péon paraguayen du nom d'Ayala. Entendant fréquemment ce nom, les Indiens de mon escorte l'adoptèrent et le soir même, il y en avait déjà trois qui répondaient au nom d'Ayala.

Les hommes ne se souviennent pas toujours de leur père et jamais de leur grand-père ; Ils n'ont aucun sentiment de l'âge « Je suis né, vous répondent-ils quand on les interroge à ce sujet, l'année où mon père a été blessé par le tigre, ou bien je suis né le jour où mon père s'est coupé un doigt.

Pas d'histoire, pas de traditions. Ils ne se

souviennent de rien. Ils n'ont peur que d'une chose : du tonnerre. Si vous leur demandez pourquoi, ils vous disent : « Parce que cela tue ». Certaines tribus, les Chamacocos, par exemple et les Zamucos se battent entre elles depuis des années, sans savoir pourquoi.

En général, la couleur de leur peau est rouge bronzé; les Guanas sont parfois bronze clair, tandis que la couleur des Kamananghas, des Nèenssèmakas et des Aksseks est plus foncée.

Leurs cheveux sont durs et plats, coupés sur le devant du front; ils y plantent un grossier peigne en corne et quelques plumes ou bien ils les attachent sur l'occiput avec une cordelette de karaguata. La barbe, les cils et les sourcils sont toujours soigneusement épilés.

Leurs yeux sont petits et vifs, légèrement bridés, mais non relevés à l'angle externe, et la mâchoire inférieure est proéminente. Leurs dents sont étincelantes de blancheur et ils se tiennent toujours la bouche ouverte, d'autant plus que la lèvre inférieure percée est distendue par des ornements divers, tels que gousses de petits fruits, poils de fourmilier, queues de serpents à sonnettes, etc.

Les Indiens ne sont pas tatoués, mais peints. Ils se tracent de l'un à l'autre, sur la figure et sur le corps des lignes et des cercles bleus et rouges, avec des boulettes de fard qu'ils nomment *eteïma*. Le fruit du genipayer (*genipa americana*), leur fournit une couleur bleu foncé, tandis que le rouge est obtenu par les téguments de la graine d'un arbuste (*bixa orellina*), c'est l'urucu ou roucou.

En temps de guerre, ils se barbouillent avec le sang de leurs ennemis.

Leurs dialectes différent de la langue guaranie. Leur langue est monosyllabique et guttturale.

Leur costume est des plus légers, car ils sont presque toujours complètement nus. Parfois, un lambeau de *poncho* ou un carré d'étoffe en fibres de karaguata est retenu à la cordelette qui leur serre la taille, et constitue à peu près tout leur costume national. Mais, le plus ordinairement, ils n'ont que des sandales plates en cuir, pour marcher la nuit dans la *senda*; et, autour du cou, des colliers de dents de rongeurs ou de plumes.

Par exemple l'Indien a toujours en bandouillère un petit sac fabriqué avec des fibres de cactus karaguata. Dans ce sac, ils mettent les sandales le jour, les baguettes à faire du feu, car ils font du feu en frottant deux baguettes de bois l'un contre l'autre, leur pipe et leur blague à tabac formée d'un cou d'autruche.

Le fourneau de la pipe est un cône de bois placé en prolongement du tuyau. Pour faire leur tabac, ils mettent dans un mortier une sorte de tabac vert avec un peu d'eau; ils pilent et font une pâte qu'ils laissent sécher au soleil, après l'avoir arrangée en boule de la grosseur d'une mandarine.

La pipe, aussitôt allumée, passe de main en main, car l'indien ne fume jamais sa pipe tout seul.

Comme armes, ils ont la lance en bois dur de Karanday, la massue, une hache quand ils peuvent avoir un morceau de fer, l'arc et les flèches et les boules de guerre.

Cette dernière dénomination s'adresse à trois lanières de cuir, unies à une extrémité

et se terminant aux trois autres par trois poches de cuir, grosses comme une poire
moyenne, et pleines de cire. Ces poches pè-
sent autant chacune qu'un morceau de plomb
de leur grosseur.

Ils lancent les boules de guerre avec
une grande dextérité et à une distance
d'environ 50 mètres.

Les flèches ne sont jamais empoisonnées
par cette bonne raison que les Indiens du
Chaco ignorent complètement l'art de fabriquer du poison.

La nourriture habituelle des Indiens qui
sont sur les bords du fleuve se compose de
manioc, maïs, patates, chèvres, bœufs, chevaux et caïmans.

Dans l'intérieur, reptiles, ignanes, serpents,
gousses d'Engaah, cogoyas, racines de karaguatas, cœurs de palmiers, tortues, gros escargots, perroquets, singes et miel, et tout
le gibier qu'ils peuvent tuer à la chasse.

Ils jouissent d'une très bonne santé et on
ne trouve guère chez eux que des maladies
cutanées, causées par leur grande malpro-
preté. Du reste, ils ont pour leur santé comme
pour tout, la même indifférence.

Un Indien est-il blessé grièvement par
tigre, on ne le soigne pas.

J'eus l'occasion un jour de voir un de ces
blessés.

« Il faut lui laver les plaies » dis-je à sa
femme et aux Indiens.

La femme me répondit tranquillement :

« Ce n'est pas la peine, il va mourir. »

Les Indiens me répétèrent la même chose
avec la même indifférence.

On a souvent parlé de leurs herbes miraculeuses pour la guérison de toutes les maladies. Ils en ont, en effet, mais l'efficacité est loin d'être prouvée.

Les femmes sont, en général, assez jolies et bien faites, quand elles sont jeunes ; elles vaquent aux soins du *tolde,* vont à la chasse, tissent des fibres de karaguatas ; mais ces fatigues, jointes à la maternité, en font bientôt d'horribles mégères.

La femme du Cacique travaille comme les autres.

Un Indien n'a qu'une femme. C'est le Cacique qui la désigne. Il dit simplement « toi, prends cette femme » et le mariage s'opère sans autre formalité.

Chose curieuse, un Indien ne prend jamais la femme d'un autre. Il n'y a jamais entre eux de scènes de jalousie. Hommes et femmes sont arrivés à un degré d'abrutissement qui les rend incapables de penser beaucoup.

Tels sont, dans cette région immense du Chaco, les débris des tribus insoumises qui échappent par la fuite à l'extermination systématique des blancs ; ils constituent ces fameux *Indios bravos,* ces sauvages féroces dont le nom seul inspire une terreur invincible aux Indiens soumis ! Il faut reconnaître cependant que ces barbares, malgré leur état de décadence, ont en général des mœurs douces ; leur caractère est serviable et hospitalier, et s'ils deviennent parfois perfides et cruels, c'est que malheureusement des expéditions trop fréquentes, de vraies chasses à l'homme, leur ont trop souvent donné l'exemple de la cruauté et de la perfidie.

Je terminerai par quelques notes particulières aux principales tribus.

Complètement nus et en proie à une affreuse misère, les Neennssémakas avec leur front très bas, leurs grosses lèvres, leur menton fuyant ont l'air d'être descendus au dernier degré de l'intelligence humaine. Une simple ficelle en fibres de karaguata supporte la hache, les bâtons pour faire du feu, et les flèches qui ne sont point armées d'une pointe de fer. Les femmes sont moins douces que les hommes et la nuance de leur peau est plus foncée que chez les Guanas.

Les Indiens aksseks que j'ai eu l'occasion de fréquenter plus longtemps, pendant mon voyage de retour, sont encore entièrement à l'état sauvage. Ce sont avec les Néenssémakas les peuplades les plus misérables du Chaco. Leur territoire, très étendu, est borné au nord par la tribu des Zamucos, à l'est-sud par le rio Pilcomayo. Ces Indiens sont nomades et changent de campements selon les besoins de leur existence. Leur costume est des plus sommaires, car les hommes seuls portent autour du corps une ceinture en corde de karaguata. Quant aux femmes, un collier de dents de rongeurs suffit à leur vêtement et à leur parure. Elles ont à pourvoir à la nourriture de la *Tolderia*, dont un peu de miel, des serpents, des escargots et surtout les gousses de l'*enghadh*, font tous les frais.

Les Guanas sont assurément les plus intelligents et les plus riches de tous les Indiens que j'aie rencontrés, en ce territoire inexploré. Leurs cases sont spacieuses et relativement propres. Ils élèvent des bœufs, des chevaux, des moutons, des chèvres, cultivent du maïs, du manioc, des patates, du tabac et des courges. Leurs femmes fabriquent des poteries de terre de formes régulières et ornées de dessins. La plupart sont vêtus ou du moins possèdent des rudiments de vêtements.

Les Guanas se servent pour compter des doigts des mains et des pieds. Au delà de 20, ils disent *ensaamié*, c'est-à-dire nombreux, en faisant précéder ce terme du nombre inférieur à 20 qui sert de multiplicateur. Ils dépassent rarement 20 fois 20.

Désireux de me procurer quelques colliers guanas, je proposai à des Indiens de leur échanger leurs colliers contre 10, 12 ou 20 charges de poudre selon la beauté des colliers. Qnoique les conditions du marché fussent strictement éxécutées, mes Guanas paraissaient de mauvaise humeur, et je ne vais m'expliquer cette irritation.

En effet, à chaque mesure de poudre, je touchais chaque doigt et les Indiens tenaient ce doigt jusqu'à ce que j'eusse versé la mesure de poudre dans leurs bourses en cou d'Autruche. Enfin, l'un d'eux, plus emporté, se fâcha tout rouge au milieu du marché et s'en alla se plaindre au Cacique. Tout me fût bientôt expliqué : les pouces de notre Guana étant plus gros que les autres doigts, il était juste que la mesure de poudre fut plus considérable et son indignation avait éclaté lorsqu'à l'orteil de son pied gauche, je n'avais pas augmenté la mesure de poudre. La logique de cet argument était irréfutable et je m'empressai de faire droit à ses trop justes réclamations. Mais, en révanche, tandis que j'augmentais la quantité de poudre à chaque pouce ou orteil, pour la même raison, je la diminuais à chaque petit doigt. Le Guana se montra ravi de mon équité et m'appela *immoc.* son bon ami.

Il me reste, maintenant, Mesdames et Messieurs, à vous remercier de votre bien-veillante attention.

Votre accueil sympathique est pour le voyageur sa plus grande récompense, son plus précieux encouragement.

Paris. — Imp. des Arts et Manufactures, 12, rue Paul-Lelong. 8916-n 80